JN060795

# ほったらかし 麹レシピ

著・**麹**のかなこ

## はじめに

# 麹で暮らしをもっとラクに楽しく♬

私の願いは、ママたちが心満たされた毎日を送れるようになることです。
「麹って難しくないよ!」「簡単だよ! 楽しいよ!」
「なんか私にもできそう!」とこの本を手に取ってくださった方が、
そんな風に思ってもらえたらうれしいです。

麹を食生活に取り入れるようになったきっかけは、子どもが生まれてから。
息子が1歳のとき、ごはんを全然食べてくれずに困っていたときに偶然出会いました。
実は料理がもともと苦手で、麹を取り入れてから、毎日が楽しくなりました!
「栄養もとれて、おいしくなって、瓶の並ぶキッチンってかっこよくて、
なんかいいかも!」と思った矢先さらなる試練が……。
今度は息子が四六時中抱っこしていないとダメで、私にべったりに!
この苦肉の策で思いついたのが、〝ほったらかし麹ごはん〟でした。
そこからは本当にこの〝ほったらかし麹ごはん〟に支えられ、母親として
毎日心満たされる日々を送れるようになりました。

麹から始まる日本の伝統発酵調味料は、
私たち母親が昔から繋いできた日本の和食の原点です。
子どもたちが巣立つとき、家庭の母の味である「塩麹」を持たせて
送り出すのが当たり前になること、手軽においしく健康がかなうこと、
そしてこの「麹文化」が途絶えることなく次世代に繋がることを心から願っています。
それでは、〝ほったらかし麹ごはんライフ〟を一緒に楽しみましょう!!

麹のかなこ

# 目次

## 第1章
## 麹×ほったらかしでもっとおいしい！
# 人気定番おかず

## 第2章
# フライパンで
# ほったらかし

### 主菜

### 副菜

# 第3章
# 鍋でほったらかし

## とっておき麹スイーツ

# 麹 × ほったらかしが いい理由

## メリット1

## 手がかからないから
## 時間がないときでも
## 気にせず作れる

もともと料理が苦手なうえ、一生懸命作っても息子はごはんを食べてくれない……。しかも私にいつもべったりだったので、キッチンに立つのもひと苦労、気持ちにも余裕がありませんでした。でもそんなとき、麹に出会って生まれたのが、この"ほったらかし麹ごはん"です。例えば、**「豚のしょうが焼き」ならフライパンに材料を入れてふたをして弱火で10分ほったらかし、「肉じゃが」なら鍋に材料を入れてふたをして弱めの中火で20分ほったらかし。**どの料理にも塩麹やしょうゆ麹を使って、加熱するだけなので失敗しません。誰でもおいしくできます。**そしてこの手がかからないことから子どもとふれ合う時間が増えたり、ほかの家事を済ませたり、あるいは自分の時間に使ったりできます。**料理が苦手な人、時間にも心にも余裕がない人こそ、麹調味料に頼ってごはんを作ってほしいです。

# パパッと 麹調味料を使いこなすと 味つけが簡単に決まる!

麹生活を始めて5年ほど経ちますが、麹調味料を使っていくうちに驚くべき発見がありました。以前はとにかくおいしくするために○○の素や特別な調味料を買ったりしていましたが、どんどん増えていく調味料でストレスがたまり、冷蔵庫も整理整頓ができずにぐちゃぐちゃ……。でも、その悩みは「塩麹」「しょうゆ麹」「甘酒」を常にストックしておくことで解決できたのです! **麹自体に食材のうまみや甘みを引き出す効果があるので、麹調味料を上手く使いこなせば、あれこれ調味料を足さなくても味つけが簡単に決まります。**しかもひと手間をかけたような味わいに! 「塩麹」「しょうゆ麹」「甘酒」を単独で使うのもよし、ときには相性のいいトマト水煮やカレー粉、豆乳などを組み合わせれば、料理のレパートリーもグンと広がります。手軽に作れる麹調味料は忙しいママやパパの味方です。

メリット**3**　＝うまみup♪＝

# 食材のうまみを引き出して
# 勝手においしくなる

料理に麹調味料を使うとなぜ、奥深い味わいになり、おいしくなるのでしょうか？　それは麹菌に含まれる酵素が大いに関係しています。1つ目の酵素はたんぱく質をアミノ酸に分解するプロテアーゼ。**食材のうまみを引き出すほか、例えば、鶏むね肉をやわらかくしっとり仕上げたり、ぶりをパサつかせずにふっくらさせます。**2つ目の酵素はデンプンをブドウ糖に分解するアミラーゼ。**食材そのものの甘みを引き出してくれます。**3つ目の酵素は脂質を脂肪酸などに分解するリパーゼ。**肉の脂っこさやしつこさをやわらげてくれます。**これらの酵素は、体内での消化吸収もサポートしてくれるので、胃への負担が軽減され、体が疲れにくくなる利点も。こういった理由から麹調味料を味つけに使ったり、漬け込んだりするだけで、特別なことをしなくても勝手においしくなるというわけです。

伝えたい
愛情表現！

# 麹 × 手仕事で

## 手作りだから毎日食べても安心
## おいしくて愛情もたっぷり！

たとえ料理が苦手であっても、仕事や家事に追われて時間が
なくても、子どもにはできるだけ手作りのごはんを食べさせたい
と思うもの。私も息子を持つ母親として同じ気持ちです。市販
の万能調味料は忙しいときに大変便利ですが、添加物や化学
調味料が入っているものもあり、体にやさしくない場合もありま
す。**その点、本書でご紹介している手作りの麹調味料は、厳
選した生米麹、塩、水などで仕込んでいます。余分なものが
何も入っていないので毎日のお料理に使っても安心です。**し
かも麹には腸内環境を整える働きがあるので、免疫力アップも
期待できます。また、**麹調味料を手作業で気持ちを込めて丁
寧に仕込むこと自体、とっておきの愛情表現だと思っていま
す。**ぜひ、「おいしくなれ〜」と言葉をかけながら仕込んでくだ
さい。作業を始める前は手洗いをしっかりすることを忘れずに。

## 手作りの麹調味料で子どもの味覚を育てる

自分で仕込んだ唯一無二の麹調味料。毎日のお料理に活用することで、子どもにとってもいい影響があります。**子どもの味覚感度は大人の3倍といわれるほど敏感であることを知っていますか？ しかも味覚の土台は3〜4歳までに決まるといわれています。**このような大切な時期にぜひ、麹調味料を使ってください。**麹調味料には食材本来のおいしさを引き出す力があり、子どもの豊かな味覚を育てるためにうってつけ。**あれこれほかの調味料に頼らなくても、麹調味料を使うことで本当のおいしさを子どもに伝えられます。また、子どもがお手伝いできる年齢になったら、一緒にキッチンに立つのもいいですね。息子も麹を使ったお料理のおかげで食に興味が出てきて、野菜を切るなどお手伝いをしてくれるようになりました。麹調味料は子どもの体と心を健やかに育てるために、わが家には欠かせない存在です。

子どもの頃からずっと悩んでいたアトピー性皮膚炎。ステロイドなどの塗り薬に頼るばかりで、いっこうに改善する気配が見られず、おしゃれも積極的に楽しめずにいました。でも、麹に出会ってから少しずつですが、体質に変化が現れたのです。まずは**便通がスムーズになり、頭痛も生理痛も改善**されていきました。さらに麹生活を続けていくうちに、**肌質が変わり、しっとり潤うようになりました。麹の酵素によって生み出される「オリゴ糖」は、腸内の善玉菌のエサとなり、もともといる善玉菌が増えて乱れた腸内環境を整えてくれます**。腸内環境の改善によって不安定だった自律神経も安定するので、幸せホルモン「セロトニン」も分泌されます。このように私は麹をきっかけに食を見直したことで今ではおしゃれをして出かけるのがとても楽しく、好きなことで起業もでき、心も体も健康になりました。同じような悩みがある方、麹生活を始めてみませんか。

アトピー体質が改善！
麹のおかげで心も体も健康に

# 塩麹作りにチャレンジ

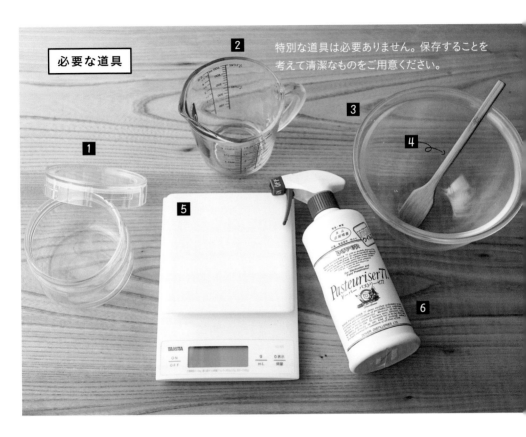

必要な道具

特別な道具は必要ありません。保存することを
考えて清潔なものをご用意ください。

## 1 保存容器
におい移りがしづらく、中身も
見えるふた付きのガラス容器
がおすすめ。本書では星硝セ
ラーメイトの『チャーミークリ
アー／600mℓ』を使用します。

## 2 計量カップ
500mℓ量れる計量カップ。こ
れで水を量ります。

## 3 ボウル
手で生米麹をほぐし混ぜるときに
使います。直径20cmほどのもの
が扱いやすいです。

## 4 スプーンやへら
生米麹を混ぜるときに使いま
す。写真は著者愛用の納豆
べらです。

## 5 デジタルスケール
生米麹や天然塩を量るとき
に使います。1g単位で量れ
るデジタルスケールが便利で
す。

## 6 除菌アルコール
　スプレー
保存容器や道具の消毒に使いま
す。写真のドーバー『パストリー
ゼ77』は、食品に使用しても安
全な除菌アルコールスプレーで、
煮沸消毒よりも手軽です。

ここでは必要な道具と材料をご紹介します。詳しい作り方はp.16-17でご確認ください。
作業を始める前に手洗いはしっかりしましょう。

水
270㎖

必要な材料

生米麹
200g

天然塩
70g

塩麹作りに必要な材料はたった３つ。
だからこそ、材料はできるだけ良質なものを選びましょう。

## 水

ミネラルウォーターか浄水を使う
のがおすすめ。わが家では温泉水
を使っています。

## 生米麹

生米麹は米に麹菌を繁殖させてできあがった
もの。風味がよく、発酵したときに芯が残りにく
いのが特徴です。雑菌に弱いため、常温ではな
く冷蔵で10日ほど保存します。イチ押しの生
米麹はマルヤス味噌／『生米糀』。無添加、無
農薬なので安心して使えます。

## 天然塩

精製されていない塩で、昔ながら
の製法の海塩がおすすめ。愛用の
海塩は海の精『あらしお』。塩味
がマイルドなうえ、うまみと甘みが
ほどよく感じられる逸品です。

# 塩麹の基本の作り方

**当日の仕込みはたった5分！**

**かなご's ポイント**
しっかりもみ混ぜると
うまみが出ておいしくなります！

## 1

**両手で生米麹をほぐす**
ボウルに生米麹を入れ、両手で
こすり合わせながら、かたまりが
バラバラになるまでほぐす。

## 2

**塩を加える**
天然塩を加えて全体に混ぜる。

## 3

**両手でもみ混ぜる**
生米麹と天然塩がよく混ざるよ
うに両手でギュッ、ギュッともみ
ながら全体に混ぜ合わせる。

## 4

**水を加える**
3を保存容器に移してから水を
注ぐ。

## 5

**スプーンかへらで混ぜる**
清潔なスプーンまたはへらで、
容器の底からすくうように混ぜ
る。

## 6

**ふたをのせて仕込み終了**
表面を平らにしてふたをのせる。

## 常温発酵で作る場合

夏場 ▶▶ 5〜7日
冬場 ▶▶ 7〜10日

### かなご's ポイント

発酵させるときは、直射日光の当たらない、湿度が高すぎないところに置いてください。

### かなご's ポイント

この時点で米粒がかたい場合、水を足してください（詳しくはp.24参照）。そして保冷バッグに入れて40℃くらいで半日湯煎するか、ヨーグルトメーカーに移して40℃で20時間の設定にかけてください。

**1日1回混ぜる**

完成するまで1日1回、清潔なスプーンまたはへらで、容器の底からすくうように混ぜる。

**途中経過3日目**

米粒の芯がまだ残っている状態。味も塩けが立っていて、うまみも甘みも出てきていません！

**完成の目安**

米粒の芯が指でつぶせるくらいやわらかくなり、見た目もとろみがついておかゆのようになったら完成！ 塩のカドがなくなってうまみが増し、甘い香りがします。

## ヨーグルトメーカーで作る場合

**保存の目安**

## 冷蔵で2か月
## 冷凍で6か月

**容器に生米麹と塩を入れ、水を注いで混ぜる**

ヨーグルトメーカーの専用容器に手でもみ混ぜた生米麹と天然塩を入れ、水を注いで清潔なスプーンまたはへらで混ぜる。

**スイッチを押す**

40℃で24時間に設定してスイッチを押し、完成したら混ぜる。

# しょうゆ麹の作り方

しょうゆよりまろやかでうまみがあるしょうゆ麹。その
ままお刺身につけたり、納豆に混ぜたり、ゆで卵を
漬けたりなど使いみちはいろいろあります。

常温発酵  ヨーグルトメーカー どちらでも

## 材料
### （600㎖入る保存容器1個分）

生米麹 …… 200g
しょうゆ …… 400㎖

## 作り方

**1** ボウルに生米麹を入れ、両手で
こすり合わせながら、かたまりが
バラバラになるまでほぐす。

**2** 保存容器に **1** を移し、しょうゆを
注ぐ。清潔なスプーンまたはへら
で、容器の底からすくうように混
ぜ、ふたをする。

**3** **常温発酵の場合**（夏場は5〜7
日/冬場は7〜10日）、完成する
まで1日1回清潔なスプーンま
たはへらで、容器の底からすくう
ように混ぜる。**ヨーグルトメー
カーで作る場合**、40℃で24時
間に設定してスイッチを押し、
完成したら混ぜる。

保存の目安
冷蔵で**3か月**
冷凍で**6か月**

かなこ's ポイント
慣れてきたら生米麹に対して
しょうゆがひたひたに
浸かるぐらいまでと覚えて!

# 甘酒 の 作り方

すっきりとした甘さが特徴。肉や魚を漬け込むとやわらかくなり、うまみも増します。砂糖の代わりに使えば、ヘルシーなスイーツもできちゃいます。

ヨーグルトメーカー

## 材料
### (600㎖入る保存容器1個分)

生米麹 …… 150g
冷やご飯 …… 150g
水 …… 350㎖

## 作り方

**1** ヨーグルトメーカーの専用容器に生米麹を入れ、手でかたまりをほぐしてバラバラにする。

**2** 1に冷やご飯を加えて水を注ぎ、清潔なスプーンまたはへらで軽く混ぜる。

**3** 58℃で8時間に設定してスイッチを押す。完成したらブレンダでなめらかになるまで攪拌する。

**かなこ'S ポイント**
市販の甘酒なら酒粕や砂糖を使わず、麹だけで作ったHAKKAISANの『麹だけでつくった あまさけ』がおすすめ!

**保存の目安**
**冷蔵で1週間**
**冷凍で3か月**

焼き肉のたれ

焼き肉や焼き魚、
豆腐ステーキのソース、
炒めものや
ナムルなど

# 混ぜるだけ!
# 麹だれ・ドレッシング

麹調味料を使った麹だれとドレッシングをご紹介。
とにかく混ぜるだけで簡単! 保存もできるので時間
があるときに多めに作っておきましょう。

甘酒ごまドレッシング

蒸し鶏やしゃぶしゃぶに。
焼き野菜や
おひたしにかけても

市販のたれにもう戻れない！

# 焼き肉のたれ

**材料（作りやすい分量）**

**しょうゆ麹** …… 大さじ3
**甘酒** …… 大さじ3
にんにく（すりおろし）…… 小さじ1
しょうが（すりおろし）…… 小さじ1

保存の目安
**冷蔵で2週間**

やさしい甘みに感動！

# 甘みそだれ

**材料（作りやすい分量）**

**甘酒** …… 大さじ3
みそ …… 大さじ3

保存の目安
**冷蔵で2週間**

甘みそだれ

野菜スティックに
つけたり、焼きおにぎり、
ふろふき大根など

ごまの風味がたまらない！

# 甘酒ごまドレッシング

**材料（作りやすい分量）**

**甘酒** …… 大さじ3
しょうゆ（またはしょうゆ麹）
　…… 大さじ1
いりごま（白）…… 大さじ3
酢 …… 大さじ2

保存の目安
**冷蔵で1週間**

# 基本となる調味料

私が使っている基本の調味料は「さ・し・す・せ・そ」の砂糖、塩、酢、しょうゆ、みそとみりんです。なるべく上質なものを選ぶとそれだけで料理のおいしさが増します。

### 1 酢
どんな料理とも相性がよい米酢。すっきりとした酸味は時間をかけて作られた発酵ならではの風味です。

### 2 みりん
本みりんを使用。キレのよい上品な甘さで濃醇な味わいです。

### 3 しょうゆ
原材料は大豆・小麦・塩のみの天然醸造のしょうゆを使用。うまみが強くてコクがあります。

### 4 塩
精製されたものではなく、ミネラル豊富な海塩を使っています。

### 5 みそ
原材料は大豆・麹・天然塩のみで、無添加で麹の甘みやうまみがしっかり味わえるみそを選んでいます。

### 6 砂糖
てんさい糖を愛用。オリゴ糖が含まれていて、腸内環境を整えるのを助けてくれます。

アクセントになる調味料

だし

## アクセントになる調味料

麹調味料と基本の調味料だけでも十分おいしく作れますが、コクを出したいときは「溶けるチーズ」や「マヨネーズ」、パンチがほしいときは「カレー粉」を足します。洋風のおかずを作るときは、トマト味なら「トマトピューレやトマト水煮」、クリーム味なら生クリームではなく、「無調整豆乳」を使います。「ごま」は加えるだけで風味が増し、栄養効果を高めてくれるので、あえ物、炒め物、たれなどにも使っています。

### [ だしについて ]

市販の「だしの素」などは便利ですが、私の料理では使っていません。その代わりに「板昆布」「どんこ（干ししいたけ）」「削り節」を使います。麹調味料と組み合わせることでうまみがグンと増し、奥行きのある味わいになります。使い方も具材と一緒に煮るのがほとんど。わざわざだしを取る必要はありません。しかもやわらかく煮えた昆布やどんこは、キッチンばさみで食べやすい大きさに切り、捨てずおいしくいただきます。

# 麹にまつわる Q&A

この本を通して麹に初めてふれる人も多いと思います。
麹についてよくある質問をまとめてみました。参考にしてみてください。

## Q 塩麹を仕込みました。水分が足りていないような気がして不安です。

A 水分が足りない目安は、麹が水を吸って、仕込んだ翌日や翌々日に水分がなくなってしまった状態のときです。麹に水分がひたひたになるぐらいまで、水を足してあげてください。
分量の目安は、塩麹レシピ【生米麹200g：塩70g：水270㎖】の場合、水を30〜100㎖足して、引き続き毎日混ぜて様子をみてください。【生米麹100g：塩35g：水135㎖】の場合、水を30〜50㎖足してください。水を足しすぎると、塩分濃度が下がり、カビが生えて腐敗のもとになりますので、水の分量は必ず量って記載の分量で守ってください。

## Q 塩麹の発酵途中でツンとした香りがしますが、このままで大丈夫？

A 塩麹の発酵過程でツンとした香りがすることがありますが、基本的に問題ありません。完成すると甘い香りに変わってきます。食べてみて、うまみが感じられたら私は料理に使っています。発酵独特の香りが苦手な場合は、肉や魚を漬け込むときに使うと香りが気にならなくなりますよ。

## Q 泡が出るのはOK？白いカビのようなものができたけど使えますか？

A 泡が出ているのは発酵が進んでいるサインです。麹に含まれる酵素が目に見えない菌や微生物と反応してぷくぷくしているのです。反対にぷくぷくしなかったからといって、失敗ではないのでご安心を。まれに白いカビのようなものが生えることもありますが、それがふんわりしたものであれば、カビではなく、産膜酵母（さんまくこうぼ）と呼ばれている酵母菌です。私は、その部分だけスプーンで除いて使っています。

## Q 塩麹が発酵途中、見た目が 変な色に！ 失敗ですか？

A 使用する麹により、少し黄色っぽく、あるいは茶色っぽくなる場合もありますが、問題ありません。自然が作るものが発酵であり、機械で作る人工的な仕上がりのようにすべて同じに仕上がらないところが、発酵の楽しみでもあります。作る時期、天気、湿度、場所によっても違い、唯一無二のものを楽しみながら「おいしい」と感じる感覚でいいんです。そこが手作り調味料の醍醐味です♪

## Q 妊婦さんや赤ちゃんが 食べても大丈夫？

A 問題ありません！赤ちゃんの離乳食に使う場合は「離乳後期」から使うと良いですね。塩麹、しょうゆ麹は塩分が多いので、量の目安は大人の1/2の量で十分です。母親の腸内細菌は出産の際、子どもに引き継がれます。麹調味料を日々の食事に取り入れて出産・育児に向けて健康の土台作りができますよ！

## Q 麹調味料は冷凍できますか？ 保存する場合の注意点を教えてください。

A 塩麹、しょうゆ麹、甘酒はどれも冷凍することができます。おすすめは、チャック付き冷凍保存袋に移し、できるだけ薄い板状にしてから空気を抜いて密閉します。ほったらかし料理なら解凍せず、手でポキポキと折ってそのまま使えます。保存は冷凍庫で塩麹としょうゆ麹は6か月、甘酒は3か月ほど可能。にんにくなど香りの強いものが近くにあるとにおい移りする場合があるので、少し離して冷凍するといいですね。

## Q 麹は加熱しても栄養効果はありますか？

A 加熱しても変わりません。塩麹、しょうゆ麹、甘酒という発酵調味料になったとき多くの「酵素」を含みます。実はこの酵素は加熱すると壊れて死んでしまうのですが、例え加熱して死んでしまっても腸内の善玉菌のエサになります。また、加熱前に「肉と魚を塩麹（しょうゆ麹）に漬け込んでおく」と酵素分解で栄養素が作られます。その栄養素は加熱しても壊れませんから摂取できるというわけです。そして何より、酵素分解でおいしさが増します。漬け込まない状態でも味つけに使うことで、食材のうまみ成分が増していきます。適した温度、適した調理法で、「簡単においしくなる！」ところが麹を取り入れる楽しみの1つでもあります。栄養と味の魔法の調味料を使って、意識を向けることが健康習慣の第一歩になりますよ。

# 本書の使い方

**麹調味料のアイコン**
各レシピにどの麹調味料を使っているか、ひと目でわかるように、アイコンで示しています。

**かなこ's ポイント**
おいしく作るためのコツなどをご紹介しています。

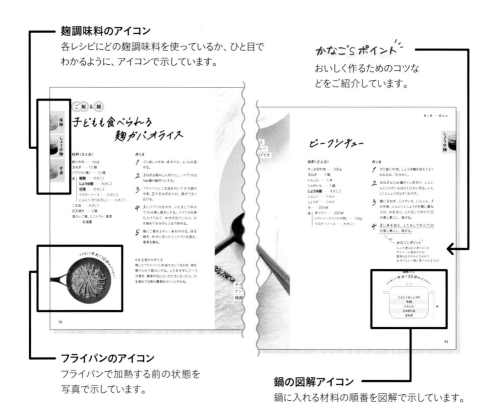

**フライパンのアイコン**
フライパンで加熱する前の状態を写真で示しています。

**鍋の図解アイコン**
鍋に入れる材料の順番を図解で示しています。

## 本書の決まりごと

- 計量の単位は大さじ1＝15ml、小さじ1＝5mlでいずれもすり切りで量ります。
- フライパンは直径24cmのもの、鍋は直径20cmのものを使用しています。

- 麹調味料を仕込む際には手洗いをしっかりしてください。
- 保存容器は除菌アルコールスプレーをふきかけ、清潔なペーパータオルでふき取ってからご使用ください。

- 塩麹、しょうゆ麹を作る際、長期保存がきく塩分量になっています。必ず、レシピ通りに仕込んでください。料理のできあがりの塩分濃度はそれよりも薄くなり、だいたい1％になります。これは私たちの体を構成する体液の塩分濃度とほぼ同じで、おいしく感じる塩分濃度です。
- 野菜類は特に指示がない場合、洗う、皮をむく、種やわたを取るなどの作業をすませてからの手順で記載しています（皮ごと使う場合はよく洗ってから使いましょう）。
- 調理時間と保存期間はあくまでも目安です。特に保存期間は環境、季節、室温、湿度などの条件によって日持ちが変わる場合があります。期間に限らず、なるべく早く食べきるようにしてください。

第 **1** 章

麹×ほったらかしで もっとおいしい!

# 人気
# 定番おかず

万人にこよなく愛される肉じゃが、ハンバーグ、しょうが焼き……。
麹調味料×ほったらかしの魔法にかかれば、
とびきりのおいしさを堪能できます。作り方も簡単なので、
麹料理初心者さんにもおすすめ!
騙されたと思ってぜひ、試してみてください。

塩麹

# 母の味になる肉じゃが

## 材料（2人分）

鶏もも肉 …… 1枚（300g）
玉ねぎ …… 大1個
じゃがいも …… 3個
にんじん …… 1/2本
塩麹 …… 大さじ2
みりん …… 大さじ2
板昆布（乾燥）…… 20cm
水 …… 300ml

## 作り方

1 鶏肉はひと口大に切り、ポリ袋に入れる。塩麹、みりんを加えてよくもみ混ぜ、10分ほどおく。

2 玉ねぎは2cm幅のくし形切りにする。じゃがいもとにんじんはひと口大に切る。

3 鍋に玉ねぎ、板昆布、じゃがいも、にんじん、1の袋の中身を順に重ね入れ、水を注ぐ。ふたをして弱めの中火で20分蒸し煮にする。昆布はキッチンばさみで食べやすい大きさに切り、全体を混ぜる。

かなご'S ポイント

だしにもなる昆布は途中で取り出さず、調理後はお皿に盛っていただきます。

ふたをして
弱めの中火で20分ほったらかし！

| 鶏肉 |
| にんじん |
| じゃがいも |
| 板昆布 |
| 玉ねぎ |

水

塩麹と昆布のうまみで
いつもの肉じゃがが
こんなにおいしくなるなんて!

# ぷりぷりやわらか鶏ハム

## 材料（作りやすい分量）

鶏むね肉 …… 1枚（300g）
**塩麹** …… 大さじ2
**甘酒** …… 大さじ1
フリルレタス、ベビーリーフ、ミニトマト（お好みで）…… 各適量

## 作り方

**1** 耐熱のポリ袋に鶏肉、塩麹、甘酒を入れてもみ込む。袋の口を閉じ、冷蔵庫でひと晩以上おく（3日ぐらいは放置してもOK）。

**2** 大きめの鍋に1ℓ（分量外）ぐらいの湯を沸かし、沸騰したら火を止める。

**3** 2の鍋に1を袋ごと入れ、浮いてこないように皿で重しをし、ふたをして30分ほどおく。

**4** 3の湯が冷めたら袋から鶏肉を取り出し、食べやすい厚さに切る。器に盛り、お好みで手でちぎったフリルレタス、ベビーリーフ、半分に切ったミニトマトを添える。

かなこ'S ポイント
塩麹、甘酒を
もみ込んで寝かせると
鶏むね肉のうまみが増し、
パサつかずしっとりします。

かなこ'S ポイント
食べきれない場合は
冷蔵庫で2〜3日
保存可能！

湯に入れて**30分**ほったらかし！

皿

鶏肉
（袋ごと）　　湯

鶏肉を塩麹と甘酒に漬けたら
鍋でほったらかすだけ！
やわらかさは格別です

# ふわっふわ煮込みハンバーグ

塩麹

## 材料（2人分）

合いびき肉 …… 350g
玉ねぎ …… 1個
にんじん …… 1/3本
しめじ …… 1/2パック

**A** ┌ 卵 …… 1個
 │ **塩麹** …… 大さじ2
 └ ナツメグ（あれば）…… 少々

**B** ┌ トマトピューレ …… 1袋（200g）
 │ みそ …… 小さじ1
 │ 酒 …… 大さじ1
 └ しょうゆ …… 小さじ1

## 作り方

**1** 玉ねぎ、にんじんは適当な大きさに切り、フードプロセッサーにかけて細かくなるまで攪拌する。しめじは石づきを取り、手でほぐす。

**2** クッキングシート（30×30cm）は一度くしゃくしゃにして広げてからフライパンに敷く。ひき肉、**1**の玉ねぎとにんじん、**A**を入れてクッキングシートの上で練り混ぜる。

**かなご's ポイント**
フライパンにクッキングシートを敷いて、その上で練り混ぜると洗い物が少なくなってラク！

**3** **2**の肉だねを4等分にして楕円形に形を整え、フライパンに並べる。フライパンの底に水100ml（分量外）を注ぎ、ふたをして弱火で10分蒸し焼きにする。

**4** クッキングシートをはずし、**1**のしめじをのせる。混ぜ合わせた**B**を加え、ふたをしてさらに弱火で10分蒸し煮にする。

ふたをして弱火で10分ほったらかし！

ふたをして弱火で10分ほったらかし！

くり返し食べたくなる
究極のふわとろハンバーグ！
パンにもパスタにも合います

しょうゆ麹とおろししょうがで
味がバッチリ決まる！
冷めてもおいしいです

34

しょうゆ麹

# うまみじゅわり豚のしょうが焼き

## 材料(2人分)

豚ロース薄切り肉 …… 200g
玉ねぎ …… 1個
**しょうゆ麹** …… 大さじ3
しょうが (すりおろし) …… 小さじ2
米油 (またはなたね油) …… 大さじ1
キャベツ (せん切り) …… 2枚

## 作り方

**1** ポリ袋に豚肉、しょうゆ麹、しょうがを入れて
よくもみ込み、10分おく。

**かなごˢ ポイント**
時間があるときはひと晩寝かせると
発酵の働きでよりうまみがアップ!

**2** 玉ねぎは1cm幅のくし形切りにする。フライ
パンに米油を引き、玉ねぎを敷き詰める。

**3** **2**の上に**1**の袋の中身をのせる。ふたをし
て弱火で10分蒸し焼きにし、混ぜる。器に
盛り、キャベツを添える。

ふたをして弱火で**10分**ほったらかし!

しょうゆ麹

# お手軽！チンジャオロースー

## 材料（2人分）

鶏ももひき肉 …… 100g
ピーマン …… 1個
パプリカ（赤）…… 1/8個
じゃがいも …… 1個
ごま油 …… 大さじ1
片栗粉 …… 大さじ1
**しょうゆ麹** …… 大さじ2
ウスターソース …… 大さじ2

## 作り方

**1** ピーマン、パプリカ、じゃがいもは4mm幅×5cm長さの細切りにする。

**2** フライパンにごま油を引き、ひき肉、**1**を入れ、中火で1分ほど炒め、ふたをして弱火で5分蒸し焼きにする。

**3** 具材に火が通ったら、片栗粉をふり入れて全体になじませる。しょうゆ麹、ウスターソースを加えて味をととのえる。

### かなこ'S ポイント

小さなお子さん向けなら
しょうゆ麹とウスターソースを
それぞれ半量にするのが
おすすめ！

ふたをして**弱火**で**5分**ほったらかし！

ご飯泥棒確定！
わが家ではたけのこの代わりに
ホクホクのじゃがいもを使います

# えび蒸しシューマイ

## 材料（12個分）

豚ひき肉 …… 100g
むきえび（冷凍）…… 10尾（150g）
玉ねぎ …… 1/2個
キャベツ …… 2〜3枚
**A** | **しょうゆ麹** …… 大さじ1
　　| しょうが（すりおろし）…… 小さじ1
シューマイの皮 …… 1袋（30枚）

## 作り方

**1** えびは解凍し、背わたがあれば取り、塩適量（分量外）をもみ込んで洗い、水けをきる。

**2** フードプロセッサーに**1**のえび、ひき肉、適当な大きさに切った玉ねぎ、**A**を入れ、ペースト状になるまで攪拌する。

**3** シューマイの皮は5mm幅のせん切りにしてバットに広げる。**2**のたねを12等分にして直径3cmくらいに丸め、バットに入れて転がすようにして皮を全体に貼り付ける。全部で12個作る。

**4** キャベツは軸の厚い部分を包丁でそぎ落とし、フライパンに敷き詰める。**3**を間隔をあけて並べ、ふたをして弱火で15分蒸す。

かなご'S ポイント
仕上げに手でギュッと握り、皮を押さえてなじませます。

ふたをして**弱火**で**15分**ほったらかし！

38

包まない、蒸し器も不要！
でも見た目も味も本格的です
簡単だからぜひ作ってみて！

しょうゆ麹

# とろける卵の親子丼

## 材料(2人分)

鶏もも肉 …… 1枚(300g)
玉ねぎ …… 1/2個
卵 …… 3個
温かいご飯 …… どんぶり2杯分
**しょうゆ麹** …… 大さじ2
板昆布(乾燥) …… 20cm
みりん …… 大さじ2
水 …… 100ml
青ねぎ(小口切り) …… 適量

## 作り方

**1** 鶏肉はひと口大に切り、しょうゆ麹を加えてもみ混ぜ、10分おく。

**かなご's ポイント**

この工程を朝こなしておけば、鶏肉に味がよくしみ込むうえ、帰宅してからの晩ごはん作りがグッとラクになります。

**2** 玉ねぎは1cm幅のくし形切りにする。

**3** フライパンに板昆布、**2**、**1**、みりん、水を順に入れ、ふたをして弱火で15分蒸し煮にする。

**4** 卵は溶きほぐす。**3**に溶き卵2/3量を流し入れ、ふたをして弱火で3分蒸し煮にする。残りの溶き卵を加え、ふたをしてさらに1分蒸し煮にする。

**5** どんぶりにご飯をよそい、**4**をかけて青ねぎをちらす。

ふたをして**弱火**で**15分**ほったらかし!

しょうゆ麹で下味をつければ
お肉はやわらか♪ まるでお店の味！
鶏むね肉でもおいしく作れます

ふわふわで味しみもバッチリ！
長ねぎもとろとろで
甘みが増しておいしい！

しょうゆ麹

# ぶりの味しみ照り焼き

## 材料（2人分）

ぶり …… 2切れ
長ねぎ …… 1本
A｜ **しょうゆ麹** …… 大さじ2
　｜ みりん …… 大さじ2
　｜ 酒 …… 大さじ1
　｜ しょうが（すりおろし）…… 小さじ2
水 …… 100㎖

## 作り方

**1** ポリ袋にぶり、**A** を入れてもみ混ぜ、冷蔵庫で2時間以上おく。

 **かなご'S ポイント**
時間があるときはひと晩以上
冷蔵庫で寝かせてみて。
うまみがさらにアップしてふわふわの食感に！

**2** 長ねぎは3㎝長さに切る。

**3** フライパンに水、長ねぎ、**1** の袋の中身を汁ごと入れ、ふたをして弱火で15分蒸し煮にする。

ふたをして弱火で15分ほったらかし！

# "ほったらかし麹ごはん"を
# 始めたらこんなに変わった！

　結婚して息子が生まれてから、自分の描いていた結婚生活とは違い、育児も家事もワンオペな日々が続いていました。料理が得意ではなかったものの、母親として息子には手作りのごはんを食べさせたいという思いはずっとありました。

　そんなときに出会ったのが麹です。実際に試してみたら便利な○○の素などに頼らなくても勝手においしくなりびっくり！　麹調味料作りも楽しくなり、どんどんはまっていきました。ぐずってごはんを食べてくれなかった息子も、麹を使った料理だとおかわりするほど食べてくれるようになり、すくすくと成長しました。また、腸内環境が整うことで免疫力がアップして、私も息子も風邪に負けない元気な体をキープできています。

　それだけではありません。息子とゆっくり向き合える時間が増え、自分の時間も持てるようになったので、心に余裕が生まれました。今では好きなことで起業ができ、毎日がとても充実しています。暮らしをラクにするために生まれた"ほったらかし麹ごはん"、これからも続けていきたいと思っています。

第 2 章

# フライパンで
## ほったらかし

「ジューシーチキンのトマト煮」「腸活きのこサラダ」
「鮭としめじの濃厚クリームパスタ」など主菜、副菜、ご飯＆麺。
ぜーんぶ、フライパンでほったらかすだけで完了！
また、2品同時調理できちゃうアイデアおかずもご紹介。
レパートリーに加えてみてください。

塩麹

主菜

# ジューシーチキンのトマト煮

### 材料（2人分）

鶏もも肉 …… 1枚（300g）
玉ねぎ …… 1個
トマト水煮（カットタイプ）…… 1個（400g）
塩麹 …… 大さじ3

### 作り方

1 玉ねぎは1cm幅のくし形切りにする。

2 フライパンに 1 を敷き詰め、真ん中に鶏肉を置く。その周りにトマト水煮を敷き詰め、鶏肉とトマト水煮に塩麹をからませる。

**かなご's ポイント**
鶏肉とトマト水煮に塩麹をからませるとうまみが引き出されておいしい！

3 ふたをして弱火で15〜20分蒸し煮にする。火を止めてふたを取り、鶏肉をキッチンばさみで食べやすい大きさに切り、器に盛る。

ふたをして弱火で15〜20分ほったらかし！

調味料は塩麹なのに
味わい深く絶品！
鶏肉もとってもジューシー♡

しょうゆ麹

鶏むね肉だけどプリッ！ふわ！
息子がペロリと完食♫

# 鶏マヨ焼き

## 材料（2人分）

鶏むね肉 …… 1枚（300g）

**A** | **しょうゆ麹** …… 大さじ1
　　 | マヨネーズ …… 大さじ1
　　 | みりん …… 小さじ1

片栗粉 …… 大さじ2

米油（またはなたね油）…… 大さじ2

キャベツ（せん切り）…… 2枚

## 作り方

**1** 鶏肉は繊維を断ち切るようにしてひと口大の
そぎ切りにし、ポリ袋に入れる。**A** を加えて
もみ混ぜ、10分おく。

**2** 焼く直前に **1** に片栗粉を加えて混ぜる。

**3** フライパンに米油を引いて **2** の袋の中身を
並べ、中火で2分焼く。裏返してふたをして
弱火で6分蒸し焼きにする。器にキャベツを
敷き、盛りつける。

### かなご'S ポイント

鶏肉は写真の線通りに繊維を断ち切るようにして
そぎ切りにするとやわらかい口当たりに！
甘酒大さじ1を加えるとおいしさがアップ！

48

塩
麹

子どもが大好きなカレー味
リピート確定レシピ

# 塩麹タンドリーチキン

### 材料（作りやすい分量）

鶏手羽元 …… 8〜10本（500g）
**塩麹** …… 大さじ2
カレー粉 …… 大さじ2
トマトケチャップ …… 大さじ1

### 作り方

*1* ポリ袋にすべての材料を入れ、よくもみ混ぜて10分おく。

*2* フライパンに *1* の袋の中身を入れ、ふたをして弱火で15分蒸し焼きにする。

しょうゆ麹

甘酒

# 包まないギョウザ

## 材料(作りやすい分量)

豚ひき肉 …… 300g
キャベツ …… 1/8個
しょうが(すりおろし) …… 小さじ1
にんにく(すりおろし) …… 小さじ1
**A** | **しょうゆ麹** …… 大さじ1
　　| **甘酒** …… 大さじ3
ギョウザの皮 …… 1袋(20枚)
ごま油 …… 大さじ2

## 作り方

*1* キャベツはみじん切りにする。

*2* ポリ袋にひき肉、**1**、しょうが、にんにく、**A**を入れ、よくもみ混ぜる。

*3* フライパンにごま油を引く。**2**の袋から肉だねを取り出してドーナツ状に置き、その上にギョウザの皮を少しずつずらしながら重ねていく。

### かなこ'S ポイント

肉だねにギョウザの皮をのせるだけ!
包まないから簡単で手間なし!

*4* ふたをして弱火で15分蒸し焼きにする。キッチンばさみで食べやすい大きさに切り分ける。

ふたをして**弱火**で**15分**ほっらかし!

迫力のあるビッグギョウザ！
お好みの大きさに取り分けて
大勢でワイワイ食べたい！

しょうゆ麹

辛くないから息子も大好き☆
大人は豆板醤を足してみて！

# 辛くない白マーボー豆腐

かなご's ポイント
冷蔵庫でひと晩寝かせると
うまみがアップ！

## 材料（2人分）

豚ひき肉 …… 200g
長ねぎ …… 1本
セロリ（茎）…… 1本
えのきたけ …… 1/2パック
にんにく …… 1かけ
絹ごし豆腐 …… 1丁（300g）
A｜ **しょうゆ麹** …… 大さじ1
　｜みそ …… 大さじ1
ごま油 …… 大さじ1
◎水溶き片栗粉
　｜片栗粉 …… 大さじ1
　｜水 …… 大さじ1
青ねぎ（小口切り）…… 適量

## 作り方

**1** ポリ袋にひき肉、**A**を入れてもみ混ぜ、10分おく。

**2** 長ねぎ、セロリは適当な大きさに切り、えのきたけは根元を切り落とす。フードプロセッサーににんにくとともに入れてかけ、細かくする。

**3** 豆腐は2cm角に切る。

**4** フライパンにごま油を引いて **1** の袋の中身を中火でほぐしながら炒める。**2** を加えて混ぜ、ふたをして弱火で10分蒸し煮にする。

**5** 全体に火が通ったら弱火のまま **3** を加えてやさしく混ぜ合わせ、水溶き片栗粉を加えてとろみをつける。器に盛り、青ねぎをちらす。

塩麹

野菜も海藻もとれる
ヘルシーハンバーグ！

# 栄養満点！ ひじき入り豆腐ハンバーグ

## 材料（2人分）

鶏ひき肉 …… 250g

木綿豆腐 …… 1/2丁（150g）

ひじき（乾燥）…… 5g（約大さじ1）

にんじん …… 1/4本

小松菜 …… 1/2束

A | 片栗粉 …… 大さじ3
  | 塩麹 …… 大さじ1

米油（またはなたね油）…… 大さじ1

ベビーリーフ、ミニトマト（お好みで）
　…… 各適量

## 作り方

**1** ひじきはさっと洗い、水けをきる。にんじん、小松菜は粗みじん切りにする。

**2** ボウルに**1**、ひき肉、豆腐を水きりしないで入れ、**A**を加えてよく混ぜ合わせる。2等分にして楕円形に形を整える。

**3** フライパンに米油を引き、**2**を並べ入れる。ふたをして弱火で5分蒸し焼きにする。ふたを取り、裏返して同様に弱火で3分蒸し焼きにする。器に盛り、お好みでベビーリーフ、4等分に切ったミニトマトを添える。

塩麹

フライパンごとテーブルへ
温泉卵をくずしながら食べて

# 野菜を食べるカルボナーラサラダ

## 材料(2人分)

キャベツ …… 1/4個
ズッキーニ …… 1/2本
ブロックベーコン …… 50g
温泉卵 …… 3個
◎ソース
　マヨネーズ …… 大さじ3
　牛乳 …… 大さじ1
　にんにく(すりおろし) …… 小さじ1/2
　塩麹 …… 小さじ1/2
　粉チーズ …… 大さじ3

## 作り方

1　キャベツはひと口大に切る。ズッキーニは2mm厚さの輪切りにする。ベーコンは1cm角×3cm長さの拍子木切りにする。

2　フライパンにキャベツ、ズッキーニ、ベーコンを順に重ね入れ、ふたをして弱火で7分蒸す。

3　蒸している間にソースの材料を混ぜ合わせる。蒸し上がったら2のふたを取り、温泉卵をのせ、ソースをかける。

●温泉卵の作り方
鍋に卵がかぶるくらいの湯を沸かし、沸騰したら火を止める。常温の卵を入れてふたをして15分おく。

白いご飯に合う最強おかず
モチモチの食感がやみつき!

しょうゆ
麹

甘酒

# 絶品! 麹のチャプチェ

## 材料(2人分)

牛こま切れ肉 …… 200g
にんじん …… 1/3本
玉ねぎ …… 1/2個
にら …… 1束
春雨(乾燥・ショートタイプ) …… 1袋(60g)
**A** | **しょうゆ麹** …… 大さじ2
     | **甘酒** …… 大さじ3
**B** | にんにく(すりおろし) …… 小さじ1
     | しょうが(すりおろし) …… 小さじ1
     | しょうゆ …… 大さじ1
     | 酒 …… 小さじ2
     | 水 …… 100mℓ
いりごま(白) …… 大さじ2
ごま油 …… 大さじ2

## 作り方

**1** ポリ袋に牛肉、**A** を入れ、よくもみ混ぜて10分おく。

**2** にんじんは4cm長さの細切り、玉ねぎは薄いくし形切りにし、にらは4cm長さに切る。

**3** フライパンにごま油大さじ2(分量外)を引き、**1** の袋の中身、**2**、混ぜ合わせた **B** をまわしかけ、一番上に春雨をのせる。ふたをして弱火で5分蒸し煮にし、仕上げにいりごまとごま油を加えて混ぜる。

### かなご'S ポイント

春雨はもどさずそのまま投入! 蒸している間に
煮汁を吸ってちょうどいい歯ごたえに!

# 塩麹スパニッシュオムレツ

## 材料（作りやすい分量）

卵 …… 4個
玉ねぎ …… 1/4個
じゃがいも …… 1/2個
にんにく …… 1かけ
ミックスベジタブル（冷凍）…… 50g
塩麹 …… 大さじ1と1/2
米油（またはなたね油）…… 大さじ1

## 作り方

**1** 玉ねぎ、じゃがいもはそれぞれ1cm角に切る。にんにくはすりおろす。

**2** ボウルに卵を溶きほぐし、塩麹を加えて混ぜ合わせる。

**3** フライパンに米油を引いて中火で熱し、**1**のにんにくを軽く炒める。香りが立ったら、**1**のじゃがいも、玉ねぎを加えてざっと混ぜ、ふたをして弱火で7分蒸し焼きにする。火を止めて具材を一度、取り出す。

**4** クッキングシート（30×40cm）を一度くしゃくしゃにして広げてから**3**のフライパンに敷く。**2**を流し入れて**3**の具材、凍ったままのミックスベジタブルを加えて混ぜる。

**5** フライパンの底に水50㎖（分量外）を注ぐ。中火にかけて水が沸騰したら、ふたをして弱火で10分蒸し焼きにする。

**6** 火を止め、手でクッキングシートごと持ち上げ、半分に折りたたんで半月形にし、そのまま3〜5分おく。

ふたをして**弱火**で**10分**ほったらかし！

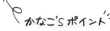
かなこ'S ポイント

手でクッキングシートごとぐっと持ち上げて
パタンと半分に折りたたみます。
あとはそのままほったらかし！

クッキングシートを使えば
焼くのも折りたたむのも簡単！
具だくさんで食べごたえも抜群

しょうゆ麹

たらのうまみだしと
白菜の甘さがしみる

# たらと白菜のバター蒸し

## 材料（2人分）

生たら …… 2切れ
白菜 …… 1/8株
バター …… 10g
**しょうゆ麹** …… 大さじ1
削り節 …… 2g

## 作り方

**1** 白菜は2cm幅の細切りにする。

**2** クッキングシート（30×40cm）に白菜、た
ら、しょうゆ麹、バターを順にのせる。両端
をひねってキャンディ状に包み、フライパン
に入れる。

**3** 2のフライパンに水50ml（分量外）を注ぐ。
ふたをして弱火で10分蒸す。クッキング
シートを開き、仕上げに削り節をかけ、溶
けたバターとしょうゆ麹とあえる。

鮭がどこまでもふっくら♪
野菜も甘みが増しておいしい!

# 鮭と野菜の包み蒸し焼き

## 材料(2人分)

生鮭 …… 2切れ
玉ねぎ …… 1/2個
にんじん …… 1/4本
えのきたけ …… 1/4パック
**しょうゆ麹** …… 大さじ1
バター …… 20g

## 作り方

**1** 玉ねぎは1cm幅のくし形切りにする。にんじんは4cm長さの細切りにする。えのきたけは根元を切り落とし、長さを半分に切る。

**2** クッキングシート(30×30cm)に玉ねぎ、にんじん、えのきたけ、鮭、しょうゆ麹、バターを順にのせる。両端をひねってキャンディ状に包み、フライパンに入れる。

**3** 2のフライパンに水50ml(分量外)を注ぐ。ふたをして弱火で10分蒸す。

塩麹

しょうゆ麹

(副菜)

# 中華風トマ卵炒め

**材料(2人分)**

卵 …… 2個
トマト …… 1個
長ねぎ …… 1/4本
にんにく …… 1かけ
しょうが …… 1かけ
塩麹 …… 小さじ1
ごま油 …… 大さじ1

**作り方**

1　ボウルに卵を溶きほぐし、塩麹を加えて混ぜておく。

2　長ねぎは5mm厚さの輪切りにする。にんにく、しょうがはすりおろす。トマトは4cm角に切る。

3　フライパンにごま油を中火で熱し、*2*のトマト以外を炒める。香りが立ったら、*1*を流し入れる。1分ほどそのまま焼き、卵液が半分ほどかたまってきたら、トマトを加えてさっと炒め合わせる。

# なすとひき肉のみそ炒め

**材料(2人分)**

なす …… 2本
豚ひき肉 …… 150g
しょうが …… 1かけ
A｜しょうゆ麹 …… 大さじ2
　｜みりん …… 小さじ1
ごま油 …… 大さじ1
青ねぎ(小口切り) …… 適量

**作り方**

1　なすはへたを切り落とし、1cm厚さの半月切りにする。しょうがはみじん切りにする。

2　フライパンにごま油を引き、*1*、ひき肉、**A**を入れて混ぜ合わせる。

3　ふたをして弱火で10分蒸し焼きにし、混ぜる。器に盛り、青ねぎをちらす。

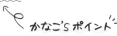

かなご'S ポイント

ひき肉はあまり細かくせず、ごろごろかたまりを残して混ぜると食べごたえ満点!

香味野菜と塩麹で
味が簡単に決まる!

深い味わいのしょうゆ麹は
みそのように使えます

甘酒

甘酒でしっとりふんわり！
お弁当にも朝ごはんにも◎

# 甘酒でふわとろ卵焼き

**材料（作りやすい分量）**

卵 …… 2個
**甘酒** …… 50㎖
ごま油 …… 大さじ1

**作り方**

**1** ボウルに卵を溶きほぐし、甘酒を加えて混ぜておく。

**2** フライパンを中火で熱し、温まったらごま油を引く。*1* を流し入れてそのまま1分焼く。

**3** 底がかたまってきたら、3回折り曲げて棒状に形を整える。食べやすい大きさに切り分ける。

しょうゆ麹

甘酒

やさしいきのこあんは
胃にもやさしくほっとする味

# 厚揚げのとろ〜りあんかけ

## 材料 ( 2 人分 )

厚揚げ (絹ごしタイプ) …… 1 枚
しめじ …… 1 パック
ごま油 …… 大さじ 2
**A** **しょうゆ麹** …… 小さじ 2
**甘酒** …… 大さじ 3
◎**水溶き片栗粉**
片栗粉 …… 大さじ 1
水 …… 大さじ 1
青ねぎ (小口切り) …… 適量

## 作り方

**1** 厚揚げは 4㎝ 角に切る。しめじは石づきを取り、手でほぐす。

**2** フライパンにごま油を引いて **1** を入れ、ふたをして中火で 5 分蒸し焼きにする。

**3** ふたを取り、厚揚げを先に器に盛りつける。フライパンに **A** を加えて煮詰めていき、水溶き片栗粉を加えてとろみをつける。厚揚げにかけ、青ねぎをちらす。

甘酒

野菜の下ごしらえは
スライサーにおまかせ

# にんじん、じゃがいものガレット

## 材料（2人分）

にんじん …… 1/2本（100g）

**A** | 甘酒 …… 50㎖
| 溶けるチーズ …… 30g

じゃがいも …… 2個（150g）

**B** | 甘酒 …… 大さじ2
| 溶けるチーズ …… 30g

ごま油 …… 大さじ2

### かなこ's ポイント

甘酒と溶けるチーズは味つけはもちろん、
つなぎにもなります。

## 作り方

**1** にんじんはスライサーでせん切りにし、**A**と
混ぜる。

**2** じゃがいももスライサーでせん切りにし、**B**
と混ぜる。

**3** フライパンにごま油の半量を引き、**1**を半
量ずつ楕円形に流し入れる。弱火で5分焼
き、裏返して弱めの中火で6分焼き、器に
盛る。同じフライパンに残りのごま油を引き、
**2**を同様に流し入れる。弱火で5分焼き、
裏返して弱めの中火で6分焼き、器に盛り
合わせる。

しょうゆ麹

3種類のきのこでうまみたっぷり！
お皿ごと抱えて食べたい♡

# 腸活きのこサラダ

## 材料（2人分）

えのきたけ …… 1/2 パック
しめじ …… 1/2 パック
まいたけ …… 1/4 パック
ブロックベーコン …… 50g
レタス …… 1/4 個
A | **しょうゆ麹** …… 大さじ1
  | みりん …… 小さじ1
削り節 …… 1g

## 作り方

**1** えのきたけは根元を切り落とし、長さを半分に切る。しめじは石づきを取り、手でほぐす。まいたけも手でほぐす。ベーコンは1cm角×3cm長さの拍子木切りにする。

**2** フライパンに**1**、**A**を入れ、ふたをして弱火で5分蒸す。火を止めて削り節を加えて混ぜる。

**3** レタスは手で食べやすい大きさにちぎり、器に盛る。**2**をのせて混ぜながら食べる。

しょうゆ麹

一度食べたらハマる！
おつまみにも最高です

# とろとろジューシー大根もち

## 材料（2人分）

大根（皮付き）…… 6㎝（150g）

**A** | しらす …… 20g
アミえび …… 大さじ1
いりごま（白）…… 大さじ1
片栗粉 …… 大さじ3
しょうゆ麹 …… 大さじ1/2

ごま油 …… 大さじ1

## 作り方

*1* 大根は皮をむいてすりおろし、水けがなくなるくらいまで絞る。大根の絞り汁は取っておく。

*2* ボウルに*1*の大根おろし、**A**を入れて混ぜ合わせる。絞り汁を少しずつ加えながらとろみがついた状態の生地にする。

*3* フライパンにごま油を引いて中火で熱し、温まったら*2*を直径15㎝大に流し入れ、ふたをして弱火で10分蒸し焼きにする。裏返して同様に3分蒸し焼きにする。食べやすい大きさに切り分ける。

**かなこ'S ポイント**
フライパンよりひとまわり小さい
ふちのない平らな皿に
スライドさせて裏返すと簡単です！

塩麹

ホクホクした長いもに
濃厚なトマトソースがマッチ！

# 長いもとトマトのチーズ焼き

## 材料 (2人分)

長いも …… 1/3本 (200g)
トマト水煮 (カットタイプ) …… 1/2個 (200g)
にんにく …… 1かけ
オリーブ油 …… 大さじ1
塩麹 …… 大さじ1
溶けるチーズ …… 30g
粉チーズ …… 適量

## 作り方

1　長いもは1cm角に切る。にんにくはみじん切りにする。

2　フライパンにオリーブ油、1のにんにくを入れて中火で軽く炒め、香りが立ったら、長いもを加えて混ぜ、ふたをして中火で3分蒸し焼きにする。

3　2にトマト水煮、塩麹を加えて混ぜ、ふたをして弱火で3分蒸し焼きにする。さらに溶けるチーズをのせ、弱火で1分蒸し焼きにする。器に盛り、粉チーズをかける。

# かぼちゃのそぼろ煮

**材料（2人分）**

かぼちゃ …… 1/4個
豚ひき肉 …… 100g
しょうが …… 1かけ

A ┃ **しょうゆ麹** …… 大さじ1
 ┃ みりん …… 大さじ1
 ┃ 水 …… 100㎖

**作り方**

*1* かぼちゃは種とわたを取り、ひと口大に切る。しょうがは細切りにする。

*2* フライパンに*1*、ひき肉、**A**を入れて軽く混ぜ合わせる。

*3* ふたをして弱火で15分蒸し煮にし、軽く混ぜる。

# デリ風ごぼうのきんぴら

**材料（2人分）**

ごぼう …… 20cm

A ┃ **しょうゆ麹** …… 小さじ1
 ┃ みりん …… 小さじ1
 ┃ いりごま（白）…… 大さじ1

**作り方**

*1* ごぼうはよく洗って泥を落とし、4〜5cm長さのささがきにする。

 かなご's ポイント

ささがきはまな板の上にごぼうを立て、包丁で削るようにするとラクチン。

*2* フライパンに*1*、**A**を入れて混ぜる。ふたをして弱火で5分蒸し焼きにし、混ぜる。

愛情たっぷりの母の味！
翌日もこれまたおいしい

ごぼうは水にさらさず
栄養をまるごといただきます

# 子どもも食べられる 麹ガパオライス

塩麹

しょうゆ麹

甘酒

## 材料(2人分)

豚ひき肉 …… 150g
玉ねぎ …… 1/2個
パプリカ(黄) …… 1/2個
A｜**塩麹** …… 大さじ1
　｜**しょうゆ麹** …… 大さじ2
　｜**甘酒** …… 大さじ2
　｜ウスターソース …… 小さじ2
　｜にんにく(すりおろし) …… 小さじ1
ごま油 …… 大さじ1
目玉焼き …… 2個
温かいご飯、ミニトマト、香菜
　　…… 各適量

## 作り方

**1** ポリ袋にひき肉、A を入れ、よくもみ混ぜる。

**2** 玉ねぎは粗みじん切りにし、パプリカは5mm幅の細切りにする。

**3** フライパンにごま油を引いて **1** の袋の中身、**2** の玉ねぎを入れ、混ぜて丸く広げる。

**4** **3** にパプリカをのせ、ふたをして中火で10分蒸し焼きにする。パプリカを持ち上げてみて、水分が出ていたら、火を強めて水分がとぶまで炒める。

**5** 器にご飯をよそい、**4** をのせる。目玉焼き、半分に切ったミニトマトを添え、香菜を飾る。

● 目玉焼きの作り方
熱したフライパンに米油大さじ1を引き、卵を割り入れて弱火にする。ふたをせずに2〜3分焼き、黄身がほどよいかたさになったら、火を強めて白身の裏側をカリッとさせる。

ふたをして**中火で10分**ほったらかし!

オイスターソースも
ナンプラーもなし！
麹調味料で深いコクが味わえます

塩麹

塩麹とバターの香りがたまらない
極上パラパラチャーハン！

# ふわふわ卵のねぎチャーハン

## 材料(2人分)

卵 …… 1個
冷やご飯 …… 茶碗2杯分
長ねぎ(白い部分) …… 1本
ブロックベーコン …… 50g
無塩バター …… 20g
ごま油 …… 大さじ1
塩麹 …… 大さじ1

## 作り方

1 卵は溶きほぐす。

2 フライパンにバターを入れて弱火で溶かし、その上に冷やご飯を広げてのせる。そのまま5分おいてご飯全体に軽く焼き色がついたら、フライパンの鍋肌から1を1周回し入れてさらに1分おく。

3 卵の表面がかたまったら、ご飯全体に卵が行き渡るように木べらで混ぜ合わせ、香りがついたら皿にご飯を一度取り出す。

4 長ねぎは5mm厚さの輪切りにする。ベーコンは1cm角×3〜4cm長さの拍子木切りにする。3のフライパンにごま油を引き、中火で長ねぎ、ベーコン、塩麹を炒める。長ねぎがしんなりしてきたら、3のご飯を戻し入れ、炒め合わせる。

しょうゆ麹

お値打ちの牛肉がしょうゆ麹で
味がワンランクアップ！

# 牛だく丼

## 材料（2人分）

牛こま切れ肉 …… 200g
玉ねぎ …… 1個
ごぼう …… 1本
しょうが …… 1かけ
にんにく …… 1かけ
**しょうゆ麹** …… 大さじ3
酒 …… 大さじ3
水 …… 100mℓ
温かいご飯 …… どんぶり2杯分

## 作り方

*1* ポリ袋に牛肉、しょうゆ麹を入れてよくもみ混ぜ、15分おく。

*2* 玉ねぎは1cm幅のくし形切りにする。ごぼうはよく洗って泥を落とし、5mm厚さの斜め薄切りにする。しょうがはせん切りにし、にんにくはすりおろす。

*3* フライパンに*1*の袋の中身、*2*、酒、水を入れて軽く混ぜる。ふたをして弱火で15分蒸し煮にし、混ぜる。器にご飯をよそい、汁ごとかける。

塩麹

ワンパンで作れるお手軽パスタ！
鮭と豆乳ソースとの相性も抜群です

# 鮭としめじの濃厚クリームパスタ

## 材料（2人分）

生鮭 …… 2切れ
しめじ …… 1/2パック
にんにく …… 1かけ
スパゲッティ（7分ゆで） …… 160g
水 …… 100㎖
（スパゲッティがひたひたに浸かる量）

**A** 無調整豆乳 …… 400㎖
みそ …… 小さじ1
しょうゆ …… 小さじ1
塩麹 …… 大さじ1
薄力粉（または米粉） …… 大さじ2

バター …… 10g

## 作り方

**1** 鮭は骨を取り除く。しめじは石づきを取り、小房に分ける。にんにくはすりおろす。

**2** フライパンにスパゲッティ、水を入れる。沸騰したら、鮭、しめじ、にんにくを順に入れ、途中1〜2回スパゲッティをほぐしながらふたをして弱火で8分蒸し煮にする。

**3** **2**に混ぜ合わせた**A**、バターを加え、全体を混ぜてとろみがつくまで5分煮て火を止める。鮭を粗くほぐしてざっと混ぜる。

### かなこ'S ポイント

腸にもいいみそをちょい足しすると
味に深みが出ておいしさアップ！

しょうゆ
麹

しょうゆ麹の甘酢あんが激うま！
リモートワーク飯にもおすすめです

# 大満足！五目あんかけ焼きうどん

## 材料（2人分）

ゆでうどん …… 2玉（440g）
むきえび（冷凍）…… 8尾
キャベツ …… 1/8個
にんじん …… 1/4本
玉ねぎ …… 1/2個
油揚げ …… 1/2枚
ごま油 …… 大さじ3
水 …… 50㎖
A　しょうゆ麹 …… 大さじ3
　　酢 …… 大さじ3
　　片栗粉 …… 小さじ1

## 作り方

**1** フライパンにごま油大さじ2を引き、ゆでうどん、水を入れ、ふたをして中火で5分蒸し焼きにし、焼き目をつけ、器に盛る。

**2** キャベツはひと口大に切る。にんじんは1cm幅×4cm長さの短冊切りにし、玉ねぎは1cm幅のくし形切りにする。油揚げは1cm幅の短冊切りにする。

**3** えびは解凍する。背わたがあれば取り、塩適量（分量外）をもみ込んで洗う。水けをきって片栗粉適量（分量外）をまぶしておく。

**4** *1*のフライパンに残りのごま油を引き、*2*と*3*を入れ、ふたをして弱火で5分蒸し焼きにする。混ぜ合わせた*A*を加え、とろみがついてきたら火を止め、*1*のうどんにかける。

（ 2 品 ） 同時調理

# 豚肉のみそ漬け&塩麹じゃがバター

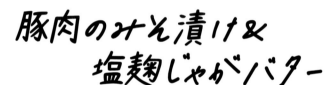

## 材料（2人分）

### 【豚肉のみそ漬け】

豚ロース厚切り肉 …… 2枚（180g）

**A** | しょうゆ麹 …… 大さじ2
| 甘酒 …… 大さじ1
| みそ …… 小さじ1

### 【塩麹じゃがバター】

じゃがいも …… 大1個

**B** | バター（手でちぎる）…… 10g
| 塩麹 …… 大さじ1

ベビーリーフ（お好みで）…… 適量

## 作り方

**1** 【豚肉のみそ漬け】を作る。ポリ袋に豚肉、**A** を入れてよくもみ混ぜ、冷蔵庫で20分おく。

**2** クッキングシート（30×30cm）に **1** の袋の中身をおき、両端をねじってキャンディ状に包む。

**かなご'S ポイント**

蒸すときに水が入らないようにしっかり包みましょう！

**3** 【塩麹じゃがバター】を作る。じゃがいもはひと口大に切り、**B** をまぶす。クッキングシート（30×30cm）におき、両端をねじってキャンディ状に包む。

**4** フライパンに **2**、**3** を入れる。フライパンの底に水50ml（分量外）を注ぎ、ふたをして弱火で15分蒸す。

**5** それぞれ取り出し、【塩麹じゃがバター】はクッキングシートを開き、溶けたバターをからませるようにしてざっとあえる。器に盛りつけ、お好みでベビーリーフを添える。

ふたをして**弱火で15分**ほったらかし！

分厚い豚肉も麹調味料のおかげで
やわらかジューシーに！
塩麹じゃがバターはホクホクで絶妙

# 麹焼き鶏＆オクラの梅あえ

## 材料（2人分）

**【麹焼き鶏】**

鶏もも肉 …… 1枚（300g）

**塩麹** …… 大さじ1

**しょうゆ麹** …… 大さじ1

**【オクラの梅あえ】**

オクラ …… 6本

**しょうゆ麹** …… 小さじ2

**A** ｜ 梅干し（種を取り出して包丁で
　　　たたく）…… 1個
　　　すりごま（白）…… 大さじ1

削り節 …… 5g

ふたをして**弱火**で**8分**ほったらかし！

ふたをして**弱火**で**2分**ほったらかし！

## 作り方

**1** 【麹焼き鶏】を作る。鶏肉はひと口大に切り、半量ずつポリ袋に入れる。それぞれに塩麹、しょうゆ麹を加えてもみ込み、冷蔵庫で15分おく。それぞれ3切れずつ竹串に刺して味ごとにクッキングシート（30×30cm）におき、両端をねじってキャンディ状に包む。

**2** 【オクラの梅あえ】を作る。オクラに塩適量（分量外）をふって板ずりし、さっと洗って縦半分に切る。クッキングシート（30×20cm）においてしょうゆ麹をのせ、両端をねじってキャンディ状に包む。

**3** フライパンに**1**を入れる。フライパンの底に水50ml（分量外）を注ぎ、ふたをして弱火で8分蒸す。

**4** **3**のふたを取り、**2**を入れてふたをして弱火で2分蒸す。蒸し終わったら、それぞれ取り出す。【オクラの梅あえ】は**A**を加えてあえて器に盛り、削り節をかける。

一度で2つの味が楽しめる♡
オクラのあえ物は
時間差で蒸すのがコツ

# 蒸し野菜肉巻き＆ おひさまにんじん

## 材料（2〜3人分）

**【蒸し野菜肉巻き】**

豚バラ薄切り肉 …… 200g

キャベツ …… 1/8個

玉ねぎ …… 1/2個

ブロッコリー …… 1/2株

にんじん …… 1/2本

**塩麹** …… 大さじ2

◎ ごまドレッシング

**しょうゆ麹** …… 大さじ1

酢 …… 大さじ1

**甘酒**（あれば） …… 大さじ1

すりごま（白） …… 大さじ2

**【おひさまにんじん】**

にんじん …… 1/2本

**A** 削り節 …… 7.5g

ちりめんじゃこ …… 5g

**塩麹** …… 小さじ1

## 作り方

1 **【蒸し野菜肉巻き】**を作る。キャベツは3cm幅に切り、玉ねぎは1cm厚さの輪切りにする。ブロッコリーは小房に分ける。にんじんは1.5cm角×5cm長さの拍子木切りにする。それぞれの野菜を豚肉で巻き、クッキングシート（30×30cm）2枚に半量ずつおく。肉の上に塩麹をのせ、両端をねじってキャンディ状に包む。

2 **【おひさまにんじん】**を作る。にんじんはピーラーで8〜10cm長さのリボン状に薄く削る。クッキングシート（30×20cm）におき、両端をねじってキャンディ状に包む。

3 フライパンに**1**、**2**を入れる。フライパンの底に水50ml（分量外）を注ぎ、ふたをして弱火で10分蒸す。

4 蒸している間にごまドレッシングの材料を混ぜ合わせる。

5 蒸し上がったら、それぞれ取り出す。**【おひさまにんじん】**は**A**を加えてあえる。それぞれ器に盛り、**【蒸し野菜肉巻き】**に**4**をかける。

ふたをして**弱火**で**10分**ほっとらかし！

麹と蒸すことで豚肉はコクを増し
野菜は甘みが増してペロリと食べられます！
ごまドレッシングも絶品！

*column #2*

# 長く使い続けたい
## お気に入り道具と器

皆さんはどんなまな板を使っていますか？ 包丁で切る軽やかな音「トントントントン♫……」。この音は子どもにとって心地のよい音だそうです。しかもプラスチックのまな板より、木のまな板のほうが心地よいやさしい音を奏でると知ってから、ずっと愛用しています。包丁も木のまな板のほうが刃こぼれをしにくく、切れ味も落ちにくいので、食材に負担をかけることがなく、スパスパ切れてとても助かっています。

おたまやへら、スプーンなどの調理道具もぬくもりのある木のもので揃えています。食器は木の器に加え、色鮮やかな上絵付けが特徴の石川県の伝統工芸、九谷焼。食卓の雰囲気をパッと華やかにしてくれるところが気に入っています。

こちらでご紹介した道具と器は、使えば使うほど魅力が増していくものばかり。こうやって道具や食器選びを楽しめるようになったのも〝ほったらかし麹ごはん〟のおかげ。気持ちに余裕が生まれて暮らしがラクになったからこそ。息子にも使う道具を自分色に育てる楽しさを伝えていきたいです。

# 第3章

鍋で
ほったらかし

煮物やシチュー、スープを中心に
ほっこり温まるレシピを厳選しました。
基本は鍋に材料と麹調味料を入れて蒸し煮にするだけ。
できあがるまで多少時間がかかるメニューもありますが、
その分、うまみたっぷりで深いコクが楽しめますよ。

塩麹

しょうゆ麹

(主菜)

# むね肉がぷりっぷり！ バンバンジー

## 材料（2人分）

鶏むね肉 …… 1枚（300g）

きゅうり …… 1本

トマト …… 1個

**塩麹** …… 大さじ2

**A** 長ねぎ（みじん切り）…… 1/2本

　　**しょうゆ麹** …… 大さじ2

　　酢 …… 大さじ2

　　いりごま（白）…… 大さじ2

## 作り方

**1** 耐熱のポリ袋に鶏ささみ、塩麹を入れてもみ込む。袋の口をとじ、冷蔵庫で3時間以上おく。

**かなご'S ポイント**

塩麹に漬けると加熱してもしっとり＆ジューシーに！

**2** 大きめの鍋に1ℓ（分量外）ぐらいの湯を沸かし、沸騰したら火を止める。

**3** 2に1を袋ごと入れ、浮いてこないように皿で重しをし、ふたをして30分ほどおく。

**4** 鶏肉を加熱している間に、きゅうりは5cm長さの細切りにする。トマトは1cm厚さの半月切りにする。**A**を混ぜ合わせ、たれを作る。

**5** 3の湯が冷めたら袋から鶏肉を取り出し、手で食べやすい大きさにほぐす。器にトマト、きゅうりを順に盛って鶏肉をのせ、4のたれをかける。

湯に入れて**30分**ほったらかし！

```
       ┌─────┐
    ┌──┴─────┴──┐
   ┌┘           └┐
   │    皿       │
   │ 鶏肉    湯  │
   │（袋ごと）   │
   └────────────┘
```

パサつきがちな鶏むね肉も
塩麹の魔法にかかればしっとり！
コクうまのごまだれでいただきます

しょうゆ麹

# 甘味大根と豚バラの しょうが煮込み

## 材料（2人分）

豚バラ薄切り肉 …… 200g
大根 …… 1/4本
しょうが …… 1かけ
板昆布（乾燥）…… 20cm
**しょうゆ麹** …… 大さじ2

## 作り方

**1** 大根は2cm厚さの半月切りにする。しょうがはせん切りにする。豚肉は3cm幅に切る。

**2** 鍋に板昆布、大根、豚肉、しょうが、しょうゆ麹を順に重ね入れる。

**3** ふたをして弱火で20分蒸し煮にする。昆布はキッチンばさみで食べやすい大きさに切り、全体を混ぜる。

### かなこ'S ポイント

歯ごたえのあるものをあえて
子どもも食べることであごの力が育ちます。

ふたをして**弱火で20分**ほったらかし！

| しょうゆ麹 |
| しょうが |
| 豚肉 |
| 大根 |
| 板昆布 |

しょうゆ麹と一緒に煮るだけ！
大根はグッと甘みが増し
豚肉もやわらかくなります

新玉ねぎのとろみ感に悶絶！
おかわり必至です

# 新玉ねぎと豚肉の
# とろとろ煮物

| 小松菜 |
| 塩麹 |
| 豚肉 |
| 板昆布 |
| 新玉ねぎ |

## 材料（2人分）

豚こま切れ肉 …… 200g
新玉ねぎ …… 1個
小松菜 …… 1/2株
ごま油 …… 少々
板昆布（乾燥）…… 20cm
**塩麹** …… 大さじ1

## 作り方

**1** 新玉ねぎは3cm幅のくし形切りにする。小松菜は5cm長さに切る。

**2** 鍋にごま油を引き、新玉ねぎ、板昆布、豚肉、塩麹、小松菜を順に重ねていく。

**3** ふたをして弱火で20分蒸し煮にする。昆布はキッチンばさみで食べやすい大きさに切り、全体を混ぜる。

### かなご'S ポイント
小松菜は火が入りやすいので
最後にのせましょう！

子どもでも食べやすい魚おかず
野菜たっぷりなのもうれしい！

# 白身魚の甘酢あん

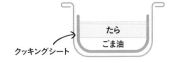

## 材料（作りやすい分量）

生たら …… 小 4 切れ
にんじん …… 1/4 本
ピーマン …… 1 個
玉ねぎ …… 1/2 個
片栗粉 …… 50g
ごま油 …… 大さじ 2 〜 3

A | 水 …… 100㎖
　 | 酢 …… 大さじ 3
　 | **しょうゆ麹** …… 大さじ 1
　 | しょうゆ …… 大さじ 3
　 | トマトケチャップ …… 大さじ 1

## 作り方

**1** たらに片栗粉をまぶす。鍋にクッキングシート（30 ×40cm）を敷き、ごま油を引く。たらを入れて弱火で 5 分焼き、裏返して同様に 5 分焼く。

**2** 焼いている間ににんじん、ピーマンは 5cm 長さの細切りにする。玉ねぎは薄切りにする。

**3** **1** のたらを器に盛り、クッキングシートを取り除く。

**4** **3** の鍋に **A** を入れて混ぜ合わせ、**2** の野菜を加えて中火で 5 分煮る。少しとろみがついたら、**3** のたらにかける。

### かなご's ポイント

クッキングシートを使えば、少ない油で
カリッと揚げ焼きができます。

塩麹

## 煮込み

# あたたか豆乳シチュー

### 材料(2人分)

鶏もも肉 …… 1枚(300g)
玉ねぎ …… 1個
じゃがいも …… 1個
にんじん …… 1/2本
**塩麹** …… 大さじ3
みそ …… 大さじ1
無調整豆乳 …… 300ml
水 …… 100ml

### 作り方

1 鶏肉はひと口大に切り、ポリ袋に入れる。塩麹、みそを加えてよくもみ込み、10分おく。

**かなご's ポイント**
できればひと晩以上冷蔵庫でおくとさらにおいしくなりますよ!

2 玉ねぎ、じゃがいも、にんじんはひと口大に切る。

3 鍋に玉ねぎ、じゃがいも、にんじん、1の袋の中身を順に重ね入れ、豆乳、水を注ぐ。中火にかけ、沸騰したらふたをして弱火で20分蒸し煮にし、混ぜる。

沸騰したら
ふたをして**弱火で20分**ほったらかし!

| 鶏肉 | |
| にんじん | 豆乳 |
| じゃがいも | + |
| 玉ねぎ | 水 |

市販のルウにもう頼らない！
塩麹と豆乳、みそさえあれば
まろやかシチューが完成！

「何時間も煮込んだの？」と
思われるほど感動の味わい！
すべてしょうゆ麹のおかげです

# ビーフシチュー

しょうゆ麹

## 材料 ( 2 人分 )

牛こま切れ肉 …… 200g
玉ねぎ …… 1個
にんじん …… 1本
じゃがいも …… 1個
**しょうゆ麹** …… 大さじ 2
にんにく …… 1かけ
しょうが …… 1かけ
水 …… 200㎖
A │ 赤ワイン …… 200㎖
　│ トマトソース ( パスタ用 ) …… 130g
　│ ウスターソース …… 大さじ 1

## 作り方

**1** ポリ袋に牛肉、しょうゆ麹を加えてよくもみ込み、10分おく。

**2** 玉ねぎは 2cm 幅のくし形切り、にんじんとじゃがいもはひと口大に切る。にんにくとしょうがはすりおろす。

**3** 鍋に玉ねぎ、じゃがいも、にんじん、**1** の中身、にんにくとしょうがを順に重ね入れ、水を注ぐ。ふたをして中火で20分蒸し煮にし、混ぜる。

**4** **3** に A を加え、ふたをして中火で20分蒸し煮にし、混ぜる。

### かなこ's ポイント

じっくり煮込むと赤ワインの
アルコール成分がとび、
酸味もまろやかになるので、
お子さんと一緒に食べられますよ!

沸騰したら
ふたをして**中火で20分**ほったらかし!

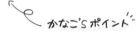

にんにく&しょうが
牛肉
にんじん
じゃがいも
玉ねぎ

水

# 麹でうまみたっぷりおでん

## 材料（作りやすい分量）

鶏もも肉 …… 1枚（300g）

大根（皮付き）…… 300g

板こんにゃく（アク抜き済み）
　…… 1枚（350g）

ゆで卵 …… 2〜3個

おでんパック
　（ちくわ、さつま揚げ、つみれ、結び昆布など）
　…… 1パック（300g）

A｜板昆布（乾燥）…… 20cm×2枚
　｜**しょうゆ麹** …… 大さじ5
　｜みりん …… 大さじ4
　｜塩 …… 小さじ1
　｜水 …… 1.5ℓ

削り節 …… 15g

## 作り方

**1** 大根は皮をむいて2cm厚さの輪切りにする。こんにゃくは5mm間隔で格子状に切り目を入れ、4等分の三角形に切る。鶏肉はひと口大に切る。

**2** 鍋にＡ、**1**の大根を入れて中火にかけ、煮立ったらふたをして10分煮る。

**かなこ's ポイント**
大根はしょうゆ麹と先に煮ることで
余分なえぐみが取れて甘みが増し、
味もしみ込みやすくなります。

**3** **2**にこんにゃく、鶏肉、ゆで卵、おでんパックを加え、煮立ったらふたをして中火で10分煮る。

**4** 仕上げに削り節を加え、だしの香りが出てくるまでふたをして5分煮て、火を止める。板昆布はキッチンばさみで食べやすい大きさに切り、器に盛り合わせる。

ふたをして**中火で10分**ほったらかし！

| ゆで卵 | おでんパック |
|---|---|
| こんにゃく | 鶏肉 |
| 大根 | A |

30分もあればできちゃう
わが家のめちゃうまおでん
おだしの香りもたまりません！

調味料はなんとしょうゆ麹だけ!
鶏ひき肉と野菜のうまみで
勝手においしくなります

# 鶏つくね鍋

しょうゆ麹

## 材料 (作りやすい分量)

**A** | 鶏ひき肉 …… 200g
　　 | 長ねぎ (みじん切り) …… 1本
　　 | **しょうゆ麹** …… 大さじ1と1/2
白菜 …… 1/4株
しめじ …… 1パック
水 …… 100mℓ

## 作り方

*1* ポリ袋に**A**を入れてよく混ぜ合わせておく。

*2* 白菜は4cm幅に切る。しめじは石づきを取り、小房に分ける。

*3* 鍋に白菜、しめじを順に重ね入れる。*1*の袋の端を切り、中身を絞り出して17〜18等分の団子状にしてのせる。

*4* 鍋肌から水を注ぎ、ふたをして弱火で15分蒸し煮にする。

かなこ's ポイント
ポリ袋の端を切れば、
絞り袋代わりになります。
手が汚れることがなく、ラクチン!

かなこ's ポイント
残ったら翌朝、ご飯をプラスして
雑炊にするのもおすすめです。

ふたをして**弱火**で**15分**ほったらかし!

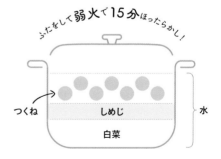

つくね　　しめじ　　水
白菜

# ぷりぷりささみと ごぼうのデリサラダ

塩麹

しょうゆ麹

## 材料（2人分）

鶏ささみ …… 3本（200g）
ごぼう …… 20cm
**塩麹** …… 大さじ1と1/2
**A** マヨネーズ …… 大さじ3
　　 **しょうゆ麹** …… 小さじ1
　　 いりごま（白） …… 大さじ1

### かなこ'S ポイント

作りおきに材料を2倍量で仕込んでも◎。

## 作り方

**1** ポリ袋に鶏肉、塩麹を入れてもみ混ぜ、冷蔵庫でひと晩以上おく。

**2** ごぼうはよく洗って泥を落とし、4〜5cm長さのささがきにする。

**3** 鍋に**2**、**1**の袋の中身を順に重ね入れ、水50ml（分量外）を注ぐ。ふたをして弱火で10分蒸し煮にする。

**4** 鍋から取り出してペーパータオルで水けをふき取り、鶏肉は手で4〜5cmくらいの食べやすい大きさにほぐす。ボウルに入れ、**A**を加えてあえる。

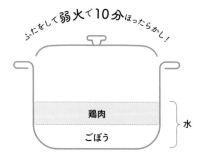

ふたをして**弱火で10分**ほったらかし！

鶏肉

ごぼう

水

腸活にもおすすめのサラダ
マヨネーズとしょうゆ麹の
ドレッシングがおいしすぎ！

お揚げがジュワ〜ッ
食べるのが楽しみなおかず

しょうゆ麹

# 栄養たっぷり！宝袋煮

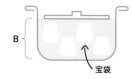

## 材料（2人分）

油揚げ（ふっくらタイプ）…… 2枚
木綿豆腐 …… 1/3丁（100g）
ひじき（乾燥）…… 5g
にんじん …… 1/4本
しいたけ …… 2枚
卵 …… 1個
スパゲッティ（7分ゆで）…… 1〜2本
**A** | **しょうゆ麹** …… 小さじ1
　　| 塩 …… 小さじ1/2
**B** | 水 …… 400ml
　　| 板昆布（乾燥）…… 20cm
　　| みりん …… 大さじ1と1/2
　　| **しょうゆ麹** …… 大さじ2

## 作り方

**1** 豆腐はペーパータオルではさんで電子レンジ（600W）で1分30秒加熱し、水きりをする。ひじきはさっと洗って水けをきる。にんじん、石づきを取ったしいたけは粗みじん切りにする。

**2** ボウルに**1**の豆腐を入れてすりつぶす。卵を割り入れ、**1**の残りの材料、**A**を加えて混ぜ合わせる。

**3** 油揚げは一度手でギュッと押してから、長辺を半分に切って袋状にする。**2**を4等分にして中に詰め、スパゲッティで留める。

**4** 鍋に**B**を入れて中火にかける。沸騰したら**3**を加えて落としぶたをし、弱火で煮汁が100mlくらいになるまで20〜30分煮る（ときどき中をみるとよい）。

しょうゆ麹

白菜の大量消費にはコレ！
無限に食べられます

# 白菜と油揚げの
# さっぱり和風煮込み

水 —
A & しょうが
油揚げ
白菜の葉
どんこ
白菜の軸

## 材料（2人分）

白菜 …… 1/2株
油揚げ …… 1枚
どんこ（干ししいたけ）…… 中2個
しょうが …… 1かけ
**A** しょうゆ麹 …… 大さじ2
みりん …… 大さじ2
水 …… 200㎖

### かなご'S ポイント

最初はふたをしなくてOK！
しばらくすると水分が出て
カサがだんだん減ってきます。

## 作り方

1 白菜は4㎝幅に切る。油揚げは2㎝幅×5㎝
長さに切る。しょうがは細切りにする。

2 鍋に白菜の軸、どんこ、白菜の葉、油揚げ、**A**
としょうがを順に重ね入れ、水を注ぐ。

3 中火で10分煮て、白菜のカサが減ってきたら、
ふたをして弱火で15分蒸し煮にする。

4 煮上がったら器に盛り、どんこはキッチンばさ
みで石づきを取り、かさと軸を薄切りにして器
に盛り合わせる。

甘酸っぱさがクセになる
あるとうれしい定番サラダ！

# さっぱり春雨サラダ

湯 { 春雨

## 材料 ( 2人分 )

春雨（乾燥・ロングタイプ）…… 60g
きゅうり …… 1本
にんじん …… 1/3本

**A** | **しょうゆ麹** …… 大さじ4
　　 | 酢 …… 大さじ2
　　 | いりごま（白）…… 大さじ2
　　 | てんさい糖 …… 大さじ1
　　 | みりん …… 小さじ2

## 作り方

**1** 鍋に水500mℓ（分量外）を入れて沸かし、沸騰したら火を止める。春雨を加えてふたをしてそのまま7分おく。

**2** きゅうりはスライサーで薄い輪切りにし、にんじんはせん切りにする。塩小さじ1（分量外）をふってなじませ、そのまま5分おく。

**3** **2**の水けをよく絞り、ボウルに入れる。**1**が冷めたら水けをよくきって加え、**A**も加えてあえる。

おいしいだしを吸った
ついつい食べたくなる常備菜

# 切り干し大根の 梅だししょう゜ゆ麹あえ

水 →

| | A |
| | 油揚げ |
| | どんこ |
| | 切り干し大根 |

## 材料（2人分）

切り干し大根（乾燥）…… 25g
どんこ（干ししいたけ）…… 中2個
油揚げ …… 1枚
水 …… 200㎖
A しょうゆ麹 …… 大さじ1
みりん …… 小さじ1
梅干し …… 1個

## 作り方

**1** 鍋に切り干し大根、水を入れ、そのまま10分おく。

**2** 油揚げは2cm幅に切る。

**3** 1の鍋にどんこ、2、Aを入れ、ふたをして弱火で15分蒸し煮にし、火を止める。

**4** 鍋からどんこを取り出し、キッチンばさみで石づきを取り、かさと軸を薄切りにする。残りの具材と種を取って細かく刻んだ梅干しとあえる。

### かなご'S ポイント

どんこはキッチンばさみで薄切りにして残さず一緒に食べて！

塩麹

食べごたえ満点のスープ
さわやかな風味が◎

# レモン香る♪手羽元とじゃがいもの塩麹スープ煮

にんにく&レモン

水

鶏肉
じゃがいも

## 材料 ( 作りやすい分量 )

鶏手羽元 …… 10本 (500g)
じゃがいも …… 2個
レモン (国産) …… 1個
にんにく …… 1かけ
塩麹 …… 大さじ4
水 …… 200㎖

## 作り方

**1** ポリ袋に鶏手羽元、塩麹を入れ、よくもみ込んで10分おく。

**2** じゃがいもはひと口大に切る。にんにくはすりおろす。レモンは5㎜厚さの輪切りにする。

**3** 鍋に *1* の袋の中身、じゃがいもを敷き詰め、にんにく、レモンをのせ、水を注ぐ。ふたをして弱火で15分蒸し煮にし、混ぜる。

生クリームなしでも
塩麹がかぼちゃの甘みを
引き出してくれます

塩
麹

# コクうま！
# かぼちゃの麹ポタージュ

豆乳

バター
かぼちゃ
玉ねぎ

## 材料（2人分）

かぼちゃ …… 1/4 個
玉ねぎ …… 1 個
無調整豆乳 …… 300㎖
無塩バター …… 10g
塩麹 …… 大さじ2

## 作り方

**1** かぼちゃは種とわたを取り、3〜4㎝角に切る。玉ねぎは薄いくし形切りにする。

**2** 鍋に玉ねぎ、かぼちゃ、バターを順に入れ、豆乳を注ぐ。ふたをして弱火で15分蒸し煮にする。

**3** かぼちゃに火が通ったら塩麹で味をととのえる。仕上げにブレンダーでなめらかになるまで撹拌する。器に盛り、お好みで豆乳（分量外）をたらす。

## かなご'S ポイント

かぶ、さつまいも、カリフラワー、
じゃがいもなど季節によって
旬の野菜に置き換えてみて♪

105

# とっておき 麹スイーツ

子どもにも大人にもファンが多いチーズケーキ、蒸しパン、ティラミス。
甘酒を加えるとやさしい甘みがプラスされ、栄養満点の麹スイーツに変わります。
作り方はほぼ混ぜるだけ! スイーツ作りのハードルをとことん下げました。

## お店のような味! 甘酒のチーズケーキ

### 材料
(18×8×6cmの紙製パウンド型1台分)

クリームチーズ …… 200g
卵 …… 2個
甘酒 …… 50g
てんさい糖 …… 40g

### 下準備

・オーブンは170℃に予熱する。
・クリームチーズは室温にもどす。

### 作り方

**1** ボウルに卵を溶きほぐし、クリームチーズ、甘酒を入れ、ゴムべらまたは泡立て器でよく混ぜる。

**2** 1にてんさい糖を加え、さらによく混ぜる。

**かなこ'S ポイント**
ボウルに材料を入れて混ぜるだけ!
お子さんもお手伝いできますよ!

**3** 型に2の生地を流し入れ、170℃のオーブンで45分焼く。

甘さが控えめで
ふわっと軽い口当たり！
手土産にしても喜ばれます

甘酒

ふわふわでもっちもち！
おやつにぴったりです

# さつまいも蒸しパン

## 材料
（直径7cmの耐熱シリコンカップ4個分）

さつまいも（皮付き）…… 70g
米粉 …… 100g
無調整豆乳 …… 80g
甘酒 …… 20g
なたね油 …… 大さじ1（15g）
ベーキングパウダー …… 4g

**かなこ'S ポイント**
くり返し使えるシリコンカップは便利。

## 作り方

**1** さつまいもは1cm角に切り、水にさらして水けをきる。飾り用に少し取り分けておく。

**2** ボウルに米粉、豆乳、甘酒、なたね油を入れ、ゴムべらまたは泡立て器でなめらかになるまで混ぜ合わせる。ベーキングパウダーを加えて混ぜ、**1**のさつまいもを加えてさらに混ぜる。

**3** シリコンカップに**2**の生地を等分に流し入れ、飾り用に取っておいたさつまいもをのせる。

**4** 鍋に水200mℓ（分量外）を注ぎ、**3**を並べ入れる。中火にかけて沸騰したら、ふたをして弱火で15分蒸す。

豆腐たっぷりだから
重たくなく罪悪感ナシ！

甘酒

# 豆腐の濃厚ティラミス

## 材料
### (容量400mlのガラス容器1台分)

クリームチーズ …… 200g
絹ごし豆腐 …… 1/2丁（150g）
**濃縮甘酒**＊1 …… 100g
コーヒー粉＊2 …… 大さじ1
純ココア …… 大さじ1

＊1　そのまま飲める液体甘酒ではなく、米の粒が残る甘酒で希釈して飲むタイプ。P.19の甘酒で代用できます。
＊2　コーヒー豆を挽いたもの。

## 下準備
・クリームチーズは室温にもどす。
・豆腐はペーパータオルで包んで表面の
　水けを吸い取る。

## 作り方

1 ボウルにクリームチーズと豆腐を入れ、ゴムべらまたは泡立て器で混ぜ合わせる。

2 1に濃縮甘酒を加えて混ぜ、全体的に混ざったら、容器に流し入れる。

3 表面をゴムべらで平らにならし、コーヒー粉と純ココアを茶こしでふる。表面にラップを敷き、冷蔵庫で2時間以上冷やしかためる。

### かなご'S ポイント
コーヒー粉はインスタントコーヒーを
ミルやすり鉢で粉状にすればOK！
お子さんはココアだけにしても。

# 麹調味料別さくいん

麹調味料別に作りたい料理が見つかります。参考にしてください。

**［塩麹］**

**［しょうゆ麹］**

# ［甘酒］

## 麹のかなこ

神奈川県在住。32歳。一児の母。「麹で暮らしをラクに楽しく」をモットーに、Instagramを中心に栄養満点で簡単・時短なほったらかし料理レシピを発信。ほったらかし料理レシピで自身が育児をより楽しみ、子どもとの触れ合いを大切にできた経験が多くの人からの共感を得ている。また、自身のアトピー性皮膚炎の症状改善など経験談とともに麹を使うことできれいも健康もかなえられることも伝えている。Instagramのフォロワーは9.3万人を超える（2024年5月現在）。

Instagram  @koji_kana_2624

---

# ほったらかし麹レシピ

2024年6月30日　第1刷発行

| | |
|---|---|
| 著者 | 麹のかなこ |
| 発行人 | 松井謙介 |
| 編集人 | 廣瀬有二 |
| 企画編集 | 柏倉友弥 |
| 発行所 | 株式会社 ワン・パブリッシング |
| | 〒105-0003 東京都港区西新橋2-23-1 |
| 印刷所 | 大日本印刷株式会社 |
| DTP | 株式会社グレン |

## STAFF

デザイン／尾崎利佳（フレーズ）
撮影／鈴木泰介
スタイリング／宮沢由香
調理アシスタント／玉利紗綾香、笠原知子
編集／倉橋利江
校正／株式会社尾野製本所 校閲部
撮影協力／バッラリーニ
　　　　　（ツヴィリング J.A. ヘンケルスジャパン）

●この本に関する各種お問い合わせ先
本の内容については、下記サイトのお問い合わせフォームよりお願いします。
https://one-publishing.co.jp/contact/
不良品（落丁、乱丁）については業務センター tel:0570-092555
〒354-0045 埼玉県入間郡三芳町上富279-1
在庫・注文については書店専用受注センター tel:0570-000346